시간냉장고

오석만 시인은 1955년 전북 김제에서 출생하여 익산 남성고와 성균관대 불문과를 졸업했다. 1976년 대학 1학년 때 성대 문학상을 수상했으며, 국민은행 근무 중인 1995년 첫 시집 인형의 도시를 발간했다. 2000년《세기문학》신인상을 수상하고, 은퇴 후 부부가 세계 이곳저곳을 함께 여행하며, 시마음을 느끼면 사진을 찍고 시를 쓰며 길을 걸었다.

e-mail : ohsm55@hanmail.net
blog.daum.net/ohsm55 (길눈시마음)
https://www.instargram.com/ohseokman

표지사진 오석만 가람/미얀마 농키아우
공허/제주 사려니숲길

리토피아포에지 · 88
시간냉장고

인쇄 2019. 6. 15 **발행** 2019. 6. 20
지은이 오석만
펴낸이 정기옥
펴낸곳 리토피아
출판등록 2006. 6. 15. 제2006-12호
주소 22162 인천 미추홀구 경인로 77
전화 032-883-5356 **전송** 032-891-5356
홈페이지 www.litopia21.com **전자우편** litopia@hanmail.net

ISBN-978-89-6412-114-6 03810

값 13,000원

이 도서의 국립중앙도서관 출판예정도서목록(CIP)은 서지정보유통지원시스템 홈페이지(http://seoji.nl.go.kr)와 국가자료종합목록 구축시스템(http://kolis-net.nl.go.kr)에서 이용하실 수 있습니다.(CIP제어번호 : CIP2019022259)

오석만 시 · 사진집

시간냉장고

리토피아

시간냉장고

시인의 말

삶의 무게에 짓눌린 시간들은
한 줌 먼지로 산화하리라.
푸른 하늘로 날아오르는 새,
구름 사이로 흐르는 바람처럼,
자유로운 가벼움으로 살고 싶습니다.
순간이 영원이기를 바라며,
하루하루를
그대와 함께 떠나고 싶습니다.

2019년 4월 11일
오 석 만

일출 / 제주 형제섬

차례

제1부
야생화

제2부
시간냉장고

제3부

흔들림

제4부

숲에서 온 편지

제5부

겨울한라산

제1부 야생화

노래하는 산새들
하늘거리는 잎새 사이로
숨바꼭질 하자며 머리카락
살짝 보이는 네가 보고 싶어
무작정 짐을 꾸리고 떠난다

숨바꼭질/슬로베니아 블레드 호수

그리움/베트남 미선 유적지

야생화

네가 그립다

그냥 그대로 그곳에 있음으로

아름다운 네가 금방이라도 부를 것 같아

그리움만큼 커지는 나무들 사이로

하늘을 담아내며 하얀 구름밭을 만들고

조올졸 흐르는 옹달샘

노래하는 산새들

하늘거리는 잎새 사이로

숨바꼭질 하자며 머리카락

살짝 보이는 네가 보고 싶어

무작정 짐을 꾸리고 떠난다

어기노르의 아침

햇살이
살며시 호수를 깨우면
초원은 붉게 물들기 시작하고
언덕 위 하얀 게르에도
마음까지 적시며 문을 연다

바람이
산들산들 불기 시작하면
양떼는 호수에 모이고

말들은 초원을 달리며
물고기도 뛰어 오른다

물결이
반짝반짝 별들을 뿌리면
물안개는 하얗게 피어오르고
해뜨는 초원을 향하여
아침정원을 걷는다

아침정원/몽골 어기노르 호수

합창/용인 성복동

꽃망울

깨어나고 살아나는 봄날
숨죽이고 기다렸다
바람과 눈보라 몰아쳐도
추위와 어둠 견뎌내며
깊은 곳
수많은 꿈들이
환한 얼굴로 미소 지을 때
드디어
하늘이 열리고
빛이 쏟아져
어느새 함성으로
무리지어 다가오는
생명의 물결
꽃들의 합창
한 마리 새가 되어
들판으로 하늘로
날아오르네

가로등

꽃이 피고지고
너는 뭘 했니
어둠 찾아오면
세상 밝히는
소리 없는 눈동자

구름이 오고 가고
너는 꿈 꾸니
시간 좇아가며
화살 쏘아대는
외로운 사냥꾼

낙엽이 들고 지고
너는 어딜 가니
하늘 속 꿈들을
기다란 그림자로
잡아먹는 포식자

눈이 오고 가고
너는 누구니
별들이 흐르고
외롭게 소리치는
광야의 순례자

눈동자/용인 광교산

눈썹/이탈리아 어느 시골

초승달

새가 오르며
꼬옥 찍다가
잡힐 듯 말 듯
떨어뜨린 별 하나

날개 세우고
한참 찾다가
보일 듯 말 듯
피어난 꽃 한 송이

미소 지으며
손짓 하다가
웃는 듯 우는 듯
새가 그린 눈썹 하나

가시리길

가시리길에 가면
제주는 온통 물들어 있다
흠뻑 뿌려진 노란 유채꽃
시리도록 아름다운 봄날을
노래하고 있다

가시리길에 가면
꿈속 나비가 꽃들을 뿌리고 있다
흐드러지게 핀 벚꽃
바람에 꽃비 내리며
먼저 간 님의 혼을 달래고 있다

가시리길에 가면
검은 돌담 사이로 하늘이 피어 있다
유채꽃은 벚꽃에게
벚꽃은 유채꽃에게
4월의 아픔을 달래며
아름다운 제주를
꽃피우고 있다

꿈속 나비/제주 표선

바다유채꽃 / 제주 세화해변

희망/용인 광교산

초록사랑

벽을 타고
오르던 담쟁이도
초록으로
대지를 물들이고
나들이 나온 아이들도
내일을 키워가는
초록사랑

추위 속 희망들이
꽁꽁
얼어 있던 마음도
답답한 도시도
새소리마저도
초록으로 변해가는
연두빛 노래 속
초록사랑

초록 따라
오르던 꿈들도
키가 크고 싶은 아이들도
대지를 촉촉이 물들이면서
변해가는
초록사랑

일몰/제주 차귀도

봄, 나그네

봄바람 불면
길 떠나 나그네 되어
초록 속으로
새들도 둥지를 떠나는구나

아이 얼굴 같은 산하
봄을 수놓아
시간을 붙잡아 놓고
지나가는 길손 발걸음을
멈추게 하는구나

아이야! 어서 가자꾸나

뒷산에 해 넘어간다

동강/강원도 정선

동강

술잔에 비취빛 하늘 담아
한 잔 하세
친구야!
동강에 하늘 있고
하늘에 숲길 나 있으니
하늘벽 뼝대 소나무에
새 한 마리
노래하고 있네
구비구비 흘러흘러
산하로 바다로
흐르는 물에 세월 담아
한 잔 하세
친구야!

내린천/강원 인제

내린천

하늘에서 내려온 그대는
누구의 숨결입니까
강물에서 피어나는 안개는
누구의 손길입니까
숲속에서 울리는 소리는
누구의 노래입니까

내린천 따라 가는 물결 속
우리를 넘어서는 울림이 있고
산천 따라가는 하얀 거품 속
그대가 꿈꾸는 하늘이 있다

하늘이 다시 내려 와
물길 따라 꽃은 피어나고
어름치 피라미 쉬리가 뛰어 오르며
내린천에 무지개 피어오른다

갈매기/지브롤터 해협

지브롤터 갈매기

날아오르고 싶다
카사블랑카 골목에서 노는 아이들은
밤새도록 유로버스 트렁크에 짐짝처럼 숨어들어
갈매기로 날아오르려 한다
지브롤터 해협만 건너면 꿈은 이루어지리라
검은 구름 속에서 피어나는 햇살처럼
찬란히 바다를 물들게 할 수 있으리라
달리는 차에 매달리며 얼마나 단련을 했던가
쾌속정에 탈 수만 있다면
갈매기처럼 높이 날 수 있으리라
날아오르자
가벼운 바람이 되어 날아오르자
바다를 가르며 사라지는 파도 위로
높이 날자꾸나
지브롤터 갈매기는
카사블랑카 골목 모퉁이에서
밤을 지새우고 있다

Caballero
del
verdegaban

풍차/스페인 라만차 평원

낮달

밤보다 낮이 좋다
한 30여 년 먹거리 찾아다닐 땐
못 느꼈던 재미가 있다
세상이 아름답게 보이는 게 좋다
지하철 타면 자리도 많고
버스는 더 자리가 많아 좋다
밤은
못 다한 꿈을 꿀 수 있어 좋지만
낮에 먹는 한 잔의 술은
그대와 같이
꿈을 꾸기 때문에 더 좋다
밤에 뜨는 달도 좋지만
낮에 뜨는 달은 더 좋다

슬픈 고기 덩어리

빙빙 돌아가는 세상
그저 슬픈 고기 덩어리
안일과 나태로
하루하루를 보내며
도살장에 끌려가는 짐승처럼
죽어가고 있는 것일까
단지 움직임과 욕망을 채우며
그냥 숨쉬는 노예
삶에서 무엇을 찾고 있는가
채움의 고통도
비움의 기쁨도
시간은 흘러 어디로 가는가
슬픈 고기 덩어리는
기억에서 사라지는
티끌이기를 거부하며
작은 생채기로
하루를 태우며
새벽을 기다리고 있다

세마춤/터키 메블라나

눈물/용인 광교산

봄비

남양주행 버스를 타고
봄비 내리는 강변을 달리는데
먼저 간 친구가
창가에 웃으면서 앉아 있네

겨우내 얼었던 강물
나무들은 두 손 들어 반기며
봄비를 머금는데
하늘길 떠난 친구는 어디 있는지
바람만 불고 있네

설레임마저
그리움 따라
내리는 봄비는
쌓인 먼지도 훨훨 털어버리고
세상사 다 씻어 내리며
한 사흘 죽죽 내렸으면 좋겠다

봄비는 설레임을 적시며
봄산 가득 꽃들을 피우지만
그리움은 추억을 키우며
파란 새싹으로 다시 돋아나
봄빛 세상을 물들이고 있네

미생의 다리

노을과 새가
나그네 발걸음을 재촉한다
미생의 다리는
자전거를 타고 떠나는 미래 여행이다
다리 아래를 흐르는 강물에는
새들이 세월을 낚고 있고
시간을 보호하는 닻들은
사열이라도 하는 것일까
세월의 아픔을 온몸으로 막아내며
갯벌은
다양한 이야기를 하고 있다
자전거를 타고 떠나자
반짝이는 태양이 다리 밑에 걸려있고
새 한 마리
자전거 타고 가는 바람을 인도한다
커다란 앞바퀴는 삶을 이끄는 열정이고
따라가는 뒷바퀴에 사랑을 담아보자
가끔은
닻을 내리고 쉬어야 한다
자! 이제 떠나야 한다
힘차게 세상 속을
미래로 달려 나가자
노을이 지기 전에 떠나야 한다

자전거/시흥 갯골생태공원

강변에도 노을이 지면
새들도 떠날 준비를 한다
떠나기 전에 돌아보자
지나온 길들은
그리운 사람들은 어디로 떠났는지
다시 한 번
자전거 페달을 고쳐 잡고
세상을
사랑을 꿈꾸며 떠나야 한다
새들과 노을, 사람이
그리워지면
다시 찾아야겠다

왕버들/청송 주산지

제2부 시간냉장고

멍하니 바라보았던 하늘
그냥 흘러 보냈던 강물
이런 것들이
두 눈을 부릅뜨고
나를 보며
꽁꽁 얼어 있구나
살아 돌아올 수 있을까

목화/터키 파묵칼레

명상/크로아티아 플리트비체

시간냉장고

요 놈이 살아 있을까
엊그제 넣어 두었던 몇 마리
시간들이 궁금하여
살짝 냉장고 문을 열어 본다
꽁꽁 얼어버린 추억
기억하고 싶은 얼굴
고이 간직하고픈 시간
그리고
멍하니 바라보았던 하늘
그냥 흘러 보냈던 강물
이런 것들이
두 눈을 부릅뜨고
나를 보며
꽁꽁 얼어 있구나
살아 돌아올 수 있을까
흐물흐물
녹아가는 기억들을
냉장고에 넣어두고
시간을 해동하며
냉장고 문을 열어 본다

사막에 핀 꽃

텅빈 가슴에 꽃을 피울 수 있을까
사막에도 나무가 자랄 수 있을까
바람이 스치고 지나간 자리
모래물결만 남아 있고
짐승이 밟고 지나간 세월
하얀 구름
파란 하늘만 흘러가는데
온몸으로
추위와 모래바람 속
견뎌낸 시간들
어둠과 굶주림에도
한 그루 희망을 키우고
밤하늘에 별들은 반짝이며
메마른 가슴에도
꽃은 피고 있다

텅빈 가슴/몽골 바양고비

군무/동해 망상해변

시간과의 악수

길을 가다말고
지폐를 헤아리는 동안
팔려 나가는 동안
길을 잃고 길 가운데 있소
오가는 이들을 붙잡고
홍정을 하자
시간은 덩실덩실 춤을 춘다오
길을 가다 말고
그대와 나눈 대화는
웅덩이 속으로 메아리치고
시간과 손을 꼬오옥 잡고 악수를 하자
따스함이
꼼틀거리는 사랑이
향기가
시간의 계곡에서
다시 꽃으로 피어나고
우리에게 다가오고 있소
시간과의 악수로 피어난 꽃은
바로 여기에 있소

전설/제주 신천목장

새와 섬

바람이 분다
온몸으로 막아낸다
하얀 파도는 솟구쳐 오르고
고즈넉이 꽃이 핀다
바람 사이 몸 숨긴 새들
노래 부르며
물결 따라
흘러간다

파도가 운다
바위에 부딪쳐
산산이 부서져 흩어진다
바람이 불고
하얀 거품으로 사라진다
파도가 몰려와도
새들은
높이
날아오른다

꽃이 웃는다
거센 바람 몰아쳐도
거친 파도 잠재우며
바다 향한 그리움
섬이 되어
전설을
만든다

새들이
다시 난다
희망을 담아다가
푸른 하늘에 토해낸다
하얀 구름 사이
꽃이 피고
섬에 둥지를
튼다

지하철

기다란 핏줄 속으로
벌레들이 기어들어 간다
나를 향해 오는 곧은 눈빛으로
만남과 이별이 교차하고
눈꺼풀이 스르르 열릴 때
시간 속으로 몸을 던진다
왔다 가는 인생
앞으로 앞으로만 달리고
어둠 속으로
설레임 속으로 사라져 버린다
깜깜한 미래 속 어디쯤에서
서로를 멀뚱멀뚱 쳐다보며
곧 잊어버릴 꿈을
그냥 스쳐가는 희망을
흔들거리는 창가에 그려본다
지하철을 타고 가는
오늘도
어떤 약속이 기다리고 있는지
바쁜 걸음으로
핏줄 속은
빨간 불이 깜박거린다

교차/강변역

우리마저 없어진다

철새/미얀마 우베인 다리

풀들마저 뽑아버려
초원마저 사라지고
나무마저 베어버려
산림마저 줄어들며

모래마저 퍼가버려
강물마저 말라가고
갯벌마저 덮어버려
바다마저 죽어가며

공기마저 썩어버려
하늘마저 막막하고
흐름마저 막아버려
우리마저 없어진다

자! 떠나자, 자유를 위하여

드높은 하늘
푸르디 푸른 호수
하얀 구름과 야생화
새들의 지저귐
그 사이로 부는 바람
찌든 마음을 매만질 때
자! 떠나자, 자유를 위하여
어서 짐을 꾸리자
우리가 떠나야 할 때
붙잡는 모든 것을 떨쳐버리고
유유히 길을 떠나자
우리가 가장 아끼는 것은
거품처럼 사라지는 것
만나고 헤어지는 스침 속에
진정한 나를 만날 수 있는 것
그냥 들려오는 음악처럼
우리도 흘러가다가
어디쯤에서 여운으로 다가오는 것
손때 묻은 일상이 소용돌이치며
우리를 붙잡을지라도
훌훌 떨쳐 버리고
자! 떠나자, 자유를 위하여
떠날 수 있는 용기를 위하여
자! 떠나자, 자유를 위하여

자유/시화방조제

사막꽃/몽골 비양고비사막

사랑/제주 비양도

몰라도

잎은 어디로 가는지 몰라도
맘껏 푸르르고
꽃은 어디로 가는지 몰라도
정성으로 꽃피우고

새는 어디로 가는지 몰라도
하늘로 높이 올라가고
물은 어디로 가는지 몰라도
바다로 쉼 없이 흘러가며

나는 어디로 가는지 몰라도
온몸으로 하루하루를
그대와 함께 가련다

공허/제주 사려니숲길

의자

의자에 앉아 있는
공허를 본 적 있소
의자에 흐르고 있는
시간의 물결을 본 적 있소
그대가 지치고 외로울 때
의자는 벗이 되어
얘기하며 찾아올 것이오
괜찮아 하며 마음을 열고
변함없이
시간을 내어줄 것이오
누구는 안식을 찾고
누구는 목숨을 걸고
누구는 웃으면서 던져버리지만
의자에 남아있는 그림자는
어찌 할 수 없지요
눈을 감고 느껴 봐요
바람의 살랑거림
낙엽 떨어지는 소리
숲속의 벌레소리
공허를 가득 채우는 햇살
의자의 풍요로운 속삭임은
시간을
의자에 멈추게 한다오

그림/오스트리아 할슈타트

잃어버린 사진

언제였던가
별들이 쏟아지는 하늘을 본 적이
아니, 밤하늘을 쳐다보며 소리를 들어본 적이
정말 은하수는 있는 것일까

언제였던가
아침 새소리에 놀라 깨어본 적이
아니, 새들이 그리는 그림을 본 적이
정말 그림은 잃어버린 소리일까

언제였던가
반딧불 보며 걸어본 적이
아니, 반딧불이 그리는 소리를 들어본 적이
정말 소리는 잃어버린 그림일까

언제부턴가
잃어버린 사진을 찾아
길을 떠나고 싶었다
아니, 떠나야 한다

손톱깎기

아내는 손톱깎기를 좋아한다
깨끗해진 손톱을 보면서
좋아하는 모습을
나도 좋아한다
손을 맡기고 있으면
어릴 적으로 돌아간다
손톱 사이에 낀 검정 때
꺼칠거리는 손
짝짝 갈라져 조금씩 묻어나는 피
따끔거리는 아픔
손때와 아픔이
다시 살아나
고향으로 돌아가고 있는 것이다
끝없이 펼쳐지는 만경벌
김제땅 논두렁 사이로
하얀 눈이 무던히도 쏟아져
천지가 온통 하얀 눈으로 뒤덮이고
강아지가 꼬리치며 눈 속에서 뛰어놀던
김제평야 넓은 들판으로
달려가고 있는 것이다
손톱깎기는
어린 시절 고향의 품으로
오늘을
일으켜 준다

고향/김제 벽골제

면도

거울 앞에 서서
싸늘한 칼날을 세우고
돋아나는 수염을 싹둑싹둑 자르며
면도를 하면
거울 속의 한 사람이
꾸짖고 있다
그대는 아직도 자신을 모르며
살고 있다고
그대는 아직도 지난 밤
꾸었던 꿈이 무엇인지 모르며
살고 있다고

거울 앞에 서서
애증과 갈증이 거뭇거뭇 돋아나
면도를 하면
꿈과 사랑을 깎아내리며
자라나는 자유를 쿵쿵 잘라버린다
하얀 살갗이 나올 때까지
하얀 거품이 사라질 때까지

억새/제주 따라비오름

거울 앞에 서서
자유를 썸뻑썸뻑 잘라 내리며
면도를 하면
거울 속의 또 한 사람이
누구인지
싸늘한 칼날을 세우고
공격해 온다
그대는 아직도 자신을 모르며
살고 있다고
그대는 아직도 자유를 모르며
살고 있다고

시간/라오스 꽝시 폭포

나이먹기

시간 먹은 만큼 나이도 먹었지
어릴 적엔 빨리 먹고 싶어
하늘로 뛰어 오르기도 하고
팔팔할 땐 더디게 가는 세월에
손팔매도 허공에 했지만
이제 육순 되니
빨리 가는 시간이 야속한지
문고리 잡고 무릎이 꺾어지네

나이 먹은 만큼 꿈도 먹었지
어릴 적 꾸었던 수많은 꿈들
다 어디로 가고
이제 육순 되어
후회없이 갈 수 있을까
꿈들이 다시 꿈틀거리네
지금 여기에서
비우면서 가라고
비운 만큼 행복할 거라고
시간 속으로 사라지고
물은 흘러가네

그리움

호우주의보가 내린 들녘에는
파릇한 벼포기가
빗물에 휩쓸려 가슴을 도려내고
익산 목천포 다리 밑
만경강은 넘실대며 도도히 흐르는데
가슴을 씻어내리는 그리움으로
왕궁면 아버님 산소를 들르다

출항/순천만

비가 오면

비가 오면
찾아오는 점과 선이 있다
흐린 하늘을 나는 점들은
외로움으로
잃었던 시간을 연결해 주고
그리운 선을 만들다

비가 오면
찾아오는 선과 무늬가 있다
창가에 맺혀있는 선은
그리움으로
잊었던 얼굴이 보이면서
눈가에 아련한 무늬를 만들다

비가 오면
찾아오는 무늬와 노래가 있다
마음에 파고드는 무늬는
괴로움으로
잊혀진 노래가 살아나면서
창가에 그리운 섬을 만들다

비가 오면
찾아오는 노래와 섬이 있다
그 섬에서
흠뻑 비에 젖어
노래하며 춤추면서
하늘 속으로 날아오르다

점과 섬/제주 함덕 서우봉해변

천지 백두산

제3부 흔들림

새근새근 잠든 흔들림은

사랑의 품속에서 싹을 키워

푸르른 하늘로 날아오르다

흔들림은 사랑을 낳고

사랑을 키워

흔들림에서 자란다

흔들림은 사랑이다

갈매기의 꿈/ 대부도 누에섬

풍경/ 양산 통도사

흔들림 · 1

흔들거리는 시간 속으로
흔들거리는 욕망들이
흔들거리는 바람과 함께
흔들거리면서
흔들흔들 흘러간다
흔들거리는 불빛 속으로
흔들거리는 의자들이
흔들거리는 목구멍과 함께
흔들거리면서 거리로 걸어간다
흔들흔들 돌아가는 세상

흔들림 · 2

흔들거리는 버스를 타고
흔들거리는 세상 속으로
흔들거리는 손잡이에 매달려
흔들거리는 꿈을 꾸며
흔들거리는 시간은 지나간다
달려온 세월만큼
지나온 거리만큼
점점 더 흔들거리면서
꿈속으로 들어가는 흔들림
결코 잡히지 않는 풍경들
결코 멈추지 않는 발걸음
흔들거리는 뉴스도
흔들거리는 미소도
흔들거리는 슬픔도
흔들거리는 음악도
흔들거리는 사랑도
흔들거리면서
흔들흔들 흘러간다

갈대밭/순천만

왕벌의 비행/양평 세미원

흔들림 · 3 – 흔들림은 시작이다

흔들림은 시작이다
흔들림을 부수고 나오는
흔들림은 시작을 위한 몸부림이다
흔들림은
동시에 이루어진다
흔들림은 시작이다
흔들림은 죽음을 거부한다
거부된 흔들림은 시작을 잉태한다
마지막 순간까지
흔들림은
또 다른 시작을 준비한다

흔들림 · 4 – 흔들림은 아픔이다

흔들림은 아픔이다
눈앞이 흔들거려
호수가 흔들거려
흔들거리는 하늘
흔들거리는 외로움
흔들거리는 호수를 헤매며
흔들거리는 꿈속 노를 젓다
흔들거리는 삶을 지탱하는
흔들림은 아픔이다
아픈 현실 속
우리의 거울이다

외로움/미얀마 인레 호수

흔들림 · 5 – 흔들림은 사랑이다

흔들림은 사랑이다
흐느끼는 흔들림으로
마음이 흔들릴 때
어깨를 감싸며
흔들림을 잠재우는 것은
사랑이다
새근새근 잠든 흔들림은
사랑의 품속에서 싹을 키워
푸르른 하늘로 날아오르다
흔들림은 사랑을 낳고
사랑을 키워
흔들림에서 자란다
흔들림은 사랑이다

탁발/라오스 루앙프라방

흔들림 · 6 – 흔들림은 생명이다

흔들림은 생명이다
흔들림 속에 있는
그녀는 아름답다
꼬오옥 품에 안고
흔들리지 않을 때까지
흔들면서 그녀는
하늘을 본다
흔들림은 생명이다

연인/베트남 무이네 레드샌드

흔들림 · 7 – 젊은 영혼을 위하여

흔들거리는 뱃머리에서
너를 뿌리며
너의 모든 것을 잊으려 해도
흐르는 눈물을
메어지는 가슴을
즐거웠던 추억을 지울 수 없고
흔들거리는 물결 위에
모습이 나타나며
너의 음성이 들려오며
쓰러지는 가슴을
바람결에 날려 보낸다
흔들거리는 하늘처럼
흔들거리는 얼굴처럼
흔들거리는 물결처럼
짧은 만남은
흔들릴 수 없는 영원으로
다시 살아나
환한 웃음으로 다가오며
유유히 흘러간다

물결/라오스 농키아우 남우 강

흔들림 · 8 – 흔들림은 여행이다

흔들림은 여행이다
흔들리는 마음은 짐을 꾸리고
떠나라 한다
흔들림 속에 몸을 던지고
내려 놓아라 한다
흔들리면서
보이기 시작한다
보이는 것이
말하기 시작한다
풀뿌리 하나
돌멩이 하나
물가에 핀 꽃 한 송이
하늘에 별 하나
그리고 나 하나
떠남이
즐거움으로 다가온다
흔들림은
가벼워지고 내려 앉아
어느새
하나가 된다

여행/몽골 초원

거울/슬로베니아 블레드 호수

흔들림 · 9 - 흔들림은 호수이다

흔들림은 호수이다
바람이 분다
나뭇잎이 떨어지며
새들이 호수 위로 흘러간다
마음이 흔들린다

물안개가 피어 오르고
파문을 일으킨다
그림자가 흔들리며
물고기가 뛰어 오른다

호수가 하늘이 된다

새가 날개를 펴며
흔들리며 날아 오른다
바람을 일으키며
하늘이 흔들린다

흔들리는 호수가
나에게 와서
환한 웃음으로 하늘이 된다

흔들림 · 10 – 흔들림은 물음표

흔들림은 물음표
?
??
???
호기심에서 태어난 아이
넓은 초원으로
달려 나가
설레임으로
대지가 흔들린다

흔들리다
멈출 때까지
그리고
다시 흔들려
?
??
???
?????
???
??
?
날아오를 때까지
흔들림은 계속된다
위대한 질문을 위하여
새로운 탄생을 위하여

흔들림은
대지의 바람에서
태어나는 하늘
?????
마음의 숨결 따라
울려 퍼지는 노래
???
??
?

기원/제주 관음사

제4부 숲에서 온 편지

숲에서 온 편지를

하나씩 읽어 나가면

숲은 어느새 가을로 물들어 가며

어둠이 내려와 저물어가고

숲속 우편함엔

매일 비밀이 쌓여간다

산책/홍천 은행나무숲

우편함/백두산 금강대협곡

숲에서 온 편지

숲속 오솔길엔
편지로 가득찬 우편함이 있다
하나 꺼내 읽으면
바람이 속삭이며 흙들이 반겨주고
하나 꺼내 읽으면
나무들이 말하며 새들이 노래하고
또 하나 꺼내 읽으면
하늘이 웃으면서 별들이 손짓한다

숲에서 온 편지엔
어릴 적 뛰어놀던 소꿉친구의 땀방울이 묻어 있고
떠나기 아쉬운 어머님의 뒷모습이 아른거리며
물들어가는 가을의 낙엽이 떨어져 내린다

숲에서 온 편지를
하나씩 읽어 나가면
숲은 어느새 가을로 물들어 가며
어둠이 내려와 저물어가고
숲속 우편함엔
매일 비밀이 쌓여간다

가을하늘

가을하늘을
꼭 접어
터트리면
고독, 그리움, 죽음, 외로움, 사랑……
이런 말들이
살아 꿈틀거리며 쏟아져 내려온다

가끔은
잠자리가 하나씩 물고
날아오르다가
나무에 떨어져
빨간 홍시가 되기도 하고
풀잎에 떨어져
벌레소리도 내며
그냥 하늘에 남아
푸른 물감을 뿌리며
맑은 시냇물 되어 흐르기도 한다

가을하늘을
꼭 안아
가슴에 품으면
맑은 눈으론
웃음 지으며
하얀 구름으로 피어오르고
작은 입으론
사랑을 노래하며
휘파람 분다

등대/제주 우도

창문 사이로

창문 사이로
바람이 분다
작은 들꽃 하나 피고
나뭇잎 사이로 햇빛이 비친다

창문 사이로
가을이 살며시 내려와
푸른 하늘을 물들이고
벌레소리 귓가에 메아리 친다

창문 사이로
날아간 여름은
오솔길 따라
풀숲을 헤매며
산들바람으로 날아간다

창문 사이로
새어나간 청춘은
어느새
하얀 머리 날리며
세월에 속삭이며
가물가물
하늘로 날아오르다

산들바람/크로아티아 로비니

고추잠자리

눈이 부시다
빨간 고추 사이로 가을이 내려온다
작은 몸뚱이 가벼워져
하늘 속으로 사라진다

바다에서 돌아온 연어처럼
이제 가야 한다
수많은 시간들이 쏟아지는 폭포를
뛰어올라 가야 한다
날자
뛰어 오르자
텅빈 가슴 하늘로 가득차 오를 때까지

파란 하늘이 보인다
올라온 만큼 작아지는 세상
바람에 몸을 맡기고
비상하며 세월을 배운다
바람 속으로
하늘 속으로
날아가는 시간 속으로
가을이 저물어간다

잠자리/양평 세미원

인고의 부처

보리수 아래
천년의 눈을 지그시 뜨고 있었다
비바람 맞으며
길을 찾으려고
눈을 감을 수 없었다
나무는 자라나
인고의 시간으로 죄어오고
꿈은 커지면서
가슴에는
뿌리가 자라나고 있었다
흥망성쇠의 현장도
희로애락의 순간도
스쳐 지나가는 바람도
다 느끼고 보았다
.
.
.
그리고
천 년의 미소를 머금고
마침표 하나로 남아
역사를 이루어가고 있다

천년의 미소/태국 아유타야

발자국/제주 사계해변

사계바다

해변에 새겨진 발자국 따라
사계바다를 걸으면
태초에 꾸었던 꿈이 파도친다

바람에 새겨진 발자국 따라
사계바다를 날으면
나는 없어지고 갈매기 날아오른다

파도에 새겨진 발자국 따라
사계바다에 빠지면
바다는 하늘이 되고 나는 바다가 된다

구름에 쌓인 한라산
금방 솟아나 우뚝 선 산방산
바람 헤치며 두 손 잡는 형제섬
가슴에 새겨진 발자국 따라
사계해변을 걸으면
바람과 파도 그리고 바다가
내가 된다

남산에 가자

사랑하는 사람에게 꽃 한 송이 주고 싶다면
남산에 가자

북쪽에는 북악이오, 남쪽에는 관악이고
동쪽에는 낙산이오, 서쪽에는 인왕이라

팔각정에 앉아 세월을 논하고
전망대에 올라 세상을 본다

멀리 인천 바다 보이거든
맑은 하늘 구름 속에 사랑 띄워 보내고

가을 낙엽 물들어 별천지거든
밤하늘 꽃 한 송이 피어난
남산에 가자

별들로 가득찬 사랑 안고
돌아오리라

꽃 한 송이/한양도성 낙산

빛과 소리/남산 서울타워

그림자 그리기

빛이 있는 동안만 살아 있고
보는 동안만 느낄 수 있다
살아 있는 동안
어떤 그림을 그릴 수 있을까
빛이 사라지면 없어질 것을

소리가 있는 동안만 살아 있고
노래 부르는 동안만 들을 수 있다
살아 있는 동안
어떤 노래를 부를 수 있을까
소리가 사라지면 없어질 것을

그림자가 없어지고
빛과 소리가 사라져도
살아 있을 수 있을까

삶을 그리는 여기가
노래 부르는 지금이
빛이 있는 순간이
영원이다

초가집/순천 낙안읍성

홍시감

어릴 적 할머니가
벽장 깊숙이 숨겨놓고
몰래 꺼내주시던 홍시감
아침마다 홍시 먹는 재미로
할매 어깨를 두들기며
칭얼대던
그때가 그립다

백양 단풍

타오르는 불꽃으로 살고 싶다

삶의 마지막 순간까지
활활 타버려
백양 단풍만큼
붉을 수 있다면
그냥 불타고 싶다

쌍계루 호수에 비친 구름처럼
흐르다 사라지는 물결처럼
반짝이는 별빛처럼
삶이 불타고 있다

임종을 맞이하는
하늘이 물들고 있다
삶의 몸뚱이가 떨어지고 있다
그냥 불타고 있다

동그라미/장성 백양사

공간/가야산 해인사

가야산 소리길

무릉교 지나
홍류동 계곡
붉은 낙엽들
두둥실 떠가고
마음 씻는 소리
세월 가는 소리
새들이 슬피 울면
어느 새
홍엽 가득 솔향길
소리에 취해
귀 먹은 아이 하나
고운 최치원과
시 한 수 나누고 있네

천불동 계곡

흐르는 물처럼
맑아질 수 있다면
세상도 맑아질 수 있을까
푸르른 숲처럼
푸르를 수 있다면
너와 나의 약속도 푸르를 수 있을까
우리와 얘기하는 천불상처럼
여기가 천상이오
여기가 극락이라 말하지 마라
새
바람
물소리가 손에 잡힐 듯
구름 속 두둥실 떠있는 듯
들려오는 소리처럼
청아할 수 있다면
세상도 깨끗할 수 있을까
찌든 땀을 식혀주는 바람처럼
시원할 수 있다면
답답한 가슴도 시원할 수 있을까
두둥실 구름 속 천불동 계곡 떠가고
나도 떠가니
여기가 어찌 속세일 수 있겠는가
작은 새 한 마리 하늘로 날아간다

설악단풍/설악산

가을단풍

바람에 떨어지는 낙엽
작은 파문 일으키며
세상을 붉게 물들이면
수채화 그리며
붉은 나비
빛으로 다시 태어나다

단풍은 정원 사이로
시냇물처럼 흐르고
어둠을 밝히는 석등에도
무지를 깨우는 풍경에도
불 붙은 단풍은
대지를 그리워하며
역사를 이루어가다

우리의 삶이 익어가며
한 사람
한 사람
우리 곁을 떠나갈 때
풍경소리 울려 퍼지며
한 잎
한 잎
낙엽으로 떨어져
흙으로 돌아가다

붉은 나비 / 일본 교토 시선당

풀과 꽃/용인 광교산

풀과 꽃

풀은 그냥 풀일 때가 가장 아름답고
꽃은 그냥 꽃일 때가 가장 아름답다
풀과 꽃은
그냥 그대로인 세상을 그리워하며
풀은 풀대로
꽃은 꽃대로
살아간다

코스모스/몽골 카라코룸

푸르른 하늘

푸르른 하늘을
가슴에 안을 수 있다면
삶은
밝은 눈을 가질 것이다

바람에 흘러가는
세월을 만질 수 있다면
그대의 숨결을 느낄
맑은 머리를 가질 것이다

낙엽이 떨어지는
소리를 들을 수 있다면
사랑의 따스함을 품을
고운 정신을 가질 것이다

제5부 겨울한라산

겨울한라산
자작나무 숲
다산길
곰배령에 가려거든
겨울 선자령
겨울바다
생선회
항아리
노을
구경꾼
눈꽃
하얀 죽음
바퀴벌레
청사초롱
선물

그대 눈 속에서
출렁이는 파도로 하얗게 피어오르는
하얀 나비라도 좋고
끝도 없이 부딪치는 파도에서 시작되어
겨울 한라산 백록을
넘나드는 구름이라도 좋다

한라산/제주

겨울한라산

바람이 시작되는 곳을 아는가
구름이 넘나들며 백록이 목을 축이던
한라에 서서
멀리 출렁이는 바다가
바람을 해맑은 하늘에 마구 뿌려대는
비취빛 사랑은 누구의 숨결인가
하늘과 땅 사이에 온통 피어있는 하얀 눈꽃은
어디에서 왔다가 어디로 가는지
그대와 손을 꼭 잡고
순백의 눈꽃 세상에 푸우욱 빠져
차가운 바람도
힘에 겨운 무게도
하얀 사랑으로 이겨내는 푸른 나무처럼
다시 태어나
겨울 한라산에 매달려 있는 고드름이 되어도 좋고
따스한 햇살에 녹아 떨어지는 한 방울 물방울이라도 좋다
그대 눈 속에서
출렁이는 파도로 하얗게 피어나는
하얀 나비라도 좋고
끝도 없이 부딪치는 파도에서 시작되어
겨울 한라산 백록을
넘나드는 구름이라도 좋다

사라오름 산정호수/제주 한라산

자작나무 숲

그냥 서서 듣고 싶다
하얀 속살 드러내고
속삭이는 목소리
바람에 만져지는 것들을

그냥 서서 보고 싶다
하얀 몸뚱이 솟아올라
하늘거리는 손떨림
설원 속에 피어나는 것들을

그냥 서서 울고 싶다
자작자작 울먹이는 하얀 몸짓
순백의 아픔
추위 속에 핀 꽃들을

첫날밤을 밝히는
타오르는 불꽃
자작나무 숲에서
하얀 나비 되어
날아오르고 싶다

속살/원대리 자작나무숲

다산길

다산이 놀던
작은 길 따라
물결 넘실대는 팔당호
어릴 적 피었던 연꽃은
귀양살이 18년
돌아오는 길가에
다시 피어나고
머리엔 흰 서리
얼굴엔 주름살
소꿉친구 뒷동산
참새들 반갑게 우짖는
오늘도
물은 흐르는구나

겨울 팔당호

곰배령에 가려거든

곰배령에 가려거든
야생화 가득 그려진
슬픔 삭이면서
그리움 꾹꾹 눌러쓴
편지 하나 접어 가자

곰배령에 가려거든
설피 신고 하얀 눈길
세상사 다 잊으면서
푹푹 빠져버린
눈꽃 하나 물고 가자

곰배령에 가려거든
새소리 가득 쌓인 나무
미움 다 버리면서
씽씽 달려가는
썰매 하나 타고 가자

곰배령에 가려거든
얼음 속 흐르는 맑은 냇물
봄을 키우면서
쑥쑥 자라나는
사랑 하나 심고 오자

점봉산/곰배령

겨울선자령

매섭게 휘몰아치는 칼바람
겨울선자령에 올라서면
커다란 사랑 되어
빙빙 돌아가는 세상
돌고 돌아
너에게 달려 가리라

하얀 눈꽃 속
아픔 이겨내는 나무
봄을 기다리는 인동초
삶의 무게를 견디면서
너에게 달려 가리라

푸른 하늘 향해
쉼없이 메아리치며
한 마리 새가 되어
훨훨 날아
너에게 달려 가리라

겨울선자령에는
빙빙 돌아가는
바람개비가 숨겨놓은
바다가
푸른 하늘이
하얀 사랑을 마구 뿌려대며
너에게 달려가고 있다

하얀 사랑/선자령 풍차길

겨울바다

바람을 일으키며
하얀 눈이 내리고 있었지
호주머니에 두 손을 넣고
해변을 거닐며
바다 속을 거닐 듯
눈바람을 맞고 있었지
바다가 통째로 삼키기를 바라며
그저 하얀 눈을 맞고 있었지

하얀 거품을 일으키며
찬바람이 몰아치고 있었지
산다는 것은
가끔 쓰라린 추위 속에서
부둥켜안을 따스함이 필요하지
진정으로 추위를 아는 자만이
따스함을 느낄 수 있고
진정으로 슬퍼할 줄 아는 자만이
가슴에 겨울바다를 안을 수 있고
그 곁에서 사랑을 노래할 수 있지

겨울바다/안면도 꽃지해변

생선회

부드러운 살을 씹으며
부드러운 배반을 살찌운다
그런 눈으로 나를 쳐다보지 마오
깜박거리는 아가미와 입이
무엇을 말하는지
피조차 잃어버린 하얀 살점들이
무엇을 찾고 있는지
오늘 한 잔의 슬픔에
목숨 걸고 맹세할 수 있다오
튼튼한 위장을 위하여
즐거운 환상을 위하여
그리고
팔딱거리는 꼬리는
나는 알고 있다오
피도 없는 주검을 씹으며
붉은 피를 위하여
한 잔의 소주를 마시며
인권에 대하여
자유에 대하여
그리고 꿈에 대하여
목숨을 바쳤고

음모/서울 가락시장

부드러운 희생도
제물로 바쳐졌고
외침은 난도질당한 아픔으로
부활을 외치고 있다고
슬픈 절규를
목구멍에 쑤셔 넣으며
오늘
한 잔의 독배를 마시며
인간의 음모에 대하여
반역자가 되고 싶다오

항아리

나는 시간이다
항상 비어 있어 자유롭고 싶다
마음 낮추고 내일을 봐야
무르익는 시간이 자유롭다

나는 꿈이다
항상 꿈꾸며 아름다운 삶을 살고 싶다
인내를 배우며 바로 세상을 봐야
꿈꾸는 삶이 아름답다

나는 바람이다
항상 흐르면서 날아 오르고 싶다
낮은 데로 임하며 하늘을 봐야
맛과 향기로 피어난다

시간/안성 서일농원

노을

노을 속을 걷는 것은
밤을 향해
새벽을 기다리며
어둠 속 희망으로 가는 것이다

노을 속을 걷는 것은
바람을 비껴가며
새들도 나뭇가지에 모여
오늘을 이야기하는 것이다

노을 속을 걷는 것은
아픔도 슬픔도 기쁨도
불타고 아쉬워 하며
내일을 준비하자고
서로 약속하는 것이다

노을 속을 걷는 것은
오늘의 뒷모습을
부끄럼 없이 맞이하며
내일
다시 걷기 위함이다

동행/코타키나발루 석양

구경꾼

사고가 났다
뒷동산에서
풍뎅이 다리를
뚝뚝 끊어
손님을 맞이하던
빙빙 돌던 하늘이
광화문 광장에 내려왔다

다리 하나에
머리는 없고
말없이 시간을 말해주는
팔뚝은 반쪽

피도 없는 구경꾼이 되고
거꾸로 쳐다보며 콧노래 부르고
팔짱끼고 멀리에서
웃고만 있다

산다는 것은
풍뎅이 다리가 되고
빙빙 돌아가는 하늘이 되고
광화문에서 만난
그대와 같이
눈물도 흘리는 것이다

촛불/광화문 광장

눈꽃

사랑이 이토록 아름다울 수 있을까
매서운 눈보라가 없었다면
어찌 꽃으로 피어날 수 있겠는가
혹독한 외로움이 없었다면
어찌 아픔 속
사랑으로 피어날 수 있겠는가
추위와 바람이 없었다면
어찌 순백을 꽃으로 피울 수 있겠는가
부서진 유물 속에 핀 꽃처럼
차가운 밤하늘에 핀 별처럼
어두운 숲속에 핀 반딧불처럼
그대는
부서질 듯 아름다운 사랑이어라
새하얀 별빛으로 피어나는 하늘이어라
고이 간직하고픈 반딧불이어라

순백/덕유산 설경

하얀 죽음

지금
어디쯤에서
달려오고 있다
뒤뚱거리는 걸음걸이로
투덜대는 표정으로
지금
어딘가에서
쳐다보고 있다
심술궂은 눈짓으로
일그러진 몸짓으로
매번 달려와 사라지는
투명한 시간을 주무르면서
언제 올 거냐며
손짓하는 바람의 유희를 즐기면서
유혹하고 있다
순간순간 최선을 다하라며
하얀 눈처럼 사라지는 기억을
선물로 주면서
지금
어디쯤에서
달려오고 있다

하얀 손짓/용인 광교산

발걸음/태안해변

바퀴벌레

이상하다
분명 한 마리가
나의 목줄기를 타고 기어 내려오고 있었는데
어느새 사라져 없어지고
내가 그 놈의 배를 기어오르고 있다
그 놈은 내 머리통을 갈기며
피가 튀어나오고
눈깔이 빠지는 고통쯤은 웃어넘기며
내가 그 놈을 후려치듯이
그 놈이 나를 후려친다
오늘은 재수가 좋은 날이라며
만족해 하며 환호성을 지른다
용케도 오늘은 살아 남을 수 있었다
그러나
언제 힘겨운 싸움이 끝날지 모른다

청사초롱

풍악을 울려라
푸른 시간 날줄에
붉은 사랑 씨줄을 엮어
서로 존경하며 사랑하고
서로 이해하며 양보하고
정성을 다하여
새 길을 만들어
높이 높이
들어 올려라
어와둥둥 어와둥둥

불을 밝혀라
이제
부부의 길을 가면서
함께 노래를 부르니
아름답고 조화롭구나
덩실덩실 춤을 추며
둘이 하나 되어
어깨춤을 추리라
어와둥둥 어와둥둥

축제/제주 전농로

풍악을 울려라
태고에 우주가 새로 태어나듯
천지가 열리고
광활한 세상이 펼쳐지리라
가끔씩
비바람도 불고
폭풍도 몰아치지만
두 사람 한 마음 되어
막아낼지니
아름답도다
거룩하도다
어와둥둥 어와둥둥

불을 밝혀라
축제의 청사초롱을
높이 들어올리고
새로운 부부 탄생을 축하하며
풍악을 울려라
함께 노래 부르고
두둥실 춤을 추자
어와둥둥 어와둥둥

선물

선물 폭탄을 맞던 날
119를 불렀고
시력의 일부를 잃었다
응급실로 실려 가면서
따뜻한 아내의 손에서
작은 떨림을 느꼈고
컴컴한 세상이 두려움으로 다가왔다
시간의 건반을 때리며
생명의 줄을 타던
뇌졸중 집중처리실에서는
텅빈 머리가 어지러워
두 손을 뻗어
별을 따려 했고
두 발을 들어
하늘 속을 걸었다
희미해진 두 눈은
초원의 끝을 보려 했고
수평선에 떠있는
하얀 구름을 보려 했다

진실의 입/이탈리아 로마

두 아들에게
눈물을 보였고
사랑을 가슴속 깊이 느꼈다
마음의 눈은 점점 더 열려가고
하루하루가
감사의 선물로
텅 빈 하늘이
내게로 왔다

비상/제주 사려니숲 길

덧붙임

친애하는 시인 오석만을 소개합니다

이 경 희 독서심리전문상담사 전문가/한국독서치료학회 이사

안녕하세요.

오랫동안 오석만 시인을 잘 알고 있었습니다. 새삼 이렇게 소개의 기회를 가지게 되어 제가 잘 알고 있는 시인에 대한 약간의 정보를 기왕이면 저처럼(?!!) 열렬한 팬들을 기대하며 시집 말미에 덧붙여 봅니다.

오 시인은 오래 전 첫 시집 『인형의 도시』를 낸 이후 두 번째 시집을 낼 기회를 꿈꾸어 왔습니다. 틈틈이 시를 써 온 것은 물론이고, 새로운 시집 출판에 앞서 오랫동안 블로그, 페이스북, 인스타그램 등 소셜네트웍 등에 거의 매일 시와 사진을 올리며 준비해 왔습니다. 당연히 방문자 수, 조회 수, 추천 수에 신경도 쓰이지만, 그런 부지런한 활동 덕분인지 몰라도 다음 블로그 「길눈시마음」은 베스트 블로그로 선정되기도 했고, 아름다운 노랫말로 유명한 가수 박효신 님이 자신의 sns에서 시 '야생화'를 언급하기도 했었답니다 (참고로 「길눈시마음」은 '길눈 밝아 시마음

느끼면, 사진 찍고 길을 가다'라는 뜻으로 이름 붙여진 오 시인 자신의 시와 사진을 소개하는 공간입니다).

이들 공간을 통해 자신의 작품과 독자가 마주치는 소통 영역을 가져온 것은 생각보다 큰 의미였다고 여겨집니다. 가장 중요하게는 시 '선물'에서 언급된 사건을 겪은 이후에 더욱 그러했습니다. 뇌경색은 너무나 깨끗한 뇌혈관과 건강관리를 열심히 하던 사람에게도 어느날 갑자기 번개가 내리치듯이 올 수 있다는 것 그 이상을 깨우쳐 주었습니다. 그럼에도 블로그 활동은 계속될 수 있었는데, 이렇게 오 시인이 무사히 일상으로 돌아올 수 있도록 회복하는 촉진제가 되어 주었고, 시와 사진에 더더욱 열과 성을 다할 수 있게 하는 준비된 역량강화의 공간이었다고 생각합니다.

시도 사진도 둘 다 만만치 않은 영역인데 오 시인은 둘 다에게 마음을 주고 있습니다. 특히 사진은 뒤늦게 뛰어든 영역인데도, 갈수록 좋은 사진을 찍고 있습니다. 제 마음에 드는 사진들이 많아지고 있기는 하지만 아직은 아니라는 불손한 생각을 저는 하기도 했는데, 이 생각도 최근에 바뀌었다는 걸 고백해야겠네요.

체코 체스키크룸로프

지난 겨울 추운 날, '지하철'과 '물고기' 두 가지 주제의 사진이 필요하다며 카메라를 들고 나가더군요. 그것도 약속이 있어 나가는 날인데, 설마 약속시간을 불과 한 두 시간 앞두고 나간다고 해서 원하는 사진을 찍어올 수는 있을지, 그 중에서 쓸 만한 게 하나라도 걸릴 수는 있을지 의심스러웠죠. 좋은 사진 한 장 얻기가 얼마나 힘든지는 잘 알고 있거든요. 좋은 사진을 위해 하루든 이틀이든 꼼짝을 않고 자리를 지키는 사진작가들이 얼마든지 있는데, 그런데 세상에, 이 어려운 일을 해내더군요.

먼저 '물고기' 사진을 위해서는 가락시장 수족관으로 갔다고 해요, 살아는 있는데 좁은 수족관 안에서 어딘지 움직임이 둔탁하게 보이고 눈동자가 퀭하니 풀려있어 싱싱한 것하고는 거리가 먼 물고기 사진은 정말 뛰어났습니다. '지하철' 사진은 강변역으로 가서 지하철역사 안 유리창 너머로 롯데월드 빌딩이 보이는 건데, 저는 그냥 감탄사가 절로 나오더군요. 이 사진들은 시 '생선회'와 '지하철'에 수록되었습니다.

알고보면 오 시인은 이렇게 하는 일마다 치밀하게 생각하고 계획을 세워가며 잘 처리해내는 능력의 소유자입니다. 시인이기 이전에 생활능력을 갖춘 직업인으로서 살아야할 때에도 그러했습니다. 은행 다닐 때 국은인상, 은행장상 등 여러 묵직한 상들을 수상했고, 지점장일 때는 전국 단위의 혁혁한 성과를 올려 묵직한 금메달을 연속해서 따낼 정도였는데, 저에겐 이 상들이 시인으로서 받았던 상보다 덜 가치있다고 여겨지진 않습니다. 덕분에 정년 후에도 40여 개국 여행을 다닐 정도의 여유를 누려왔으니까요. 라깡식으로 말하면 실재계에서 시인과 생업 종사자 사이에 존재할 법한 긴장감 있는 간극을, 상징계에서 그 격차가 더 벌어지기는커녕 더욱 풍부하고 조화로운 심리적 균형 감각을 갖출 수 있도록 삶의 관점을 넓고 깊게 만들었다고 저는 감히 말하고 싶어요. 남편이 시인이라는 정체성을 잃지 않으면서도 한편으로는 실생활 유능자여서 더 자랑스럽기만 합니다.

저는 대학 시절에 김형태 시인의 산문집들을 좋아했는데, 그 산문집으로 문학을 소개받기도 했지만, 정작 그 책들은 시인이라면 어떻게 살아야 하는지를 알려주는 부수적인 참고서이기도 했습니다. 김형태 시인은 문학이라는 최고의 심리적 사치를 누리기 위해서라면 직업인으로서는 최소한의 돈으로 만족해야 한다는 생각을 감내하고 있었고, 단언컨대 초고속 경제성장이 강조되는 그 시절 산업자본의 무시무시한 위력에 맞서 문학에 종사하려는 사람에게 바로 그런 감내이면서 포기는 너무도 당연했습니다. 김형태 시인보다 훨씬 더 선배이시며, 생활을 위해 토끼도 기르고 닭도 길렀던 대시인 김수영 선생님이 그리던 시인의 이상향 '시 쓰는 지게꾼'들이 이 땅에 나타나야 한다던 말씀은, 세대를 넘고 시간을 넘어 오늘날 바로 제 남편이 걸어온 시인의 길을 지칭하려던 게 아닐까 싶다면, 제가 너무 과한 상상을 한 걸까요……?

저에게 있어 오 시인은 한 여자의 텅 빈 결핍감을 이해하며 꾸준하게 인간적으로 성장할 수 있도록 조력을 아끼지 않은 고마운 남자이기도 했습니다. 자원상담자로 일하며 전문적인 지식을 배우고 싶어 갈구하던 저를 대학원에 보내 학위까지 따게 해주었으니까요. 덕분에 저는 우수논문상도 받았고 학회지 게재도 해보았으며 제 분야의 전문가도 될 수 있었습니다. 결과적으로 한 대학의 상담센터에 근무하며 제게 투자된 학비까지 회수할 수 있었는데, 우리 세대의 남자로서 여자에 대한 외조까지 잘 해낼 수 있는 담대한 남자는 쉽게 만날 수 없을 거라 확신합니다.

오 시인은 오랫동안 시집을 내고 싶어 했지만, 시집 출판 이상의 고민도 있었다는 걸 저는 알고 있습니다. 이 시대는 책을 내기 이전에 문학은 끝이 났다며 기죽이고, 한 권의 시집이 얼마나 팔릴 수 있는지에 대해 겁먹게 하고, 한 편의 시가 무슨 일을 해낼 수 있느냐 하는 회의로 고민해야 하는 시대이니까요. 사사키 아타루는 '잘라라, 기도하는 그 손을'에서 '노래하는 사람이 노래는 끝났다, 음악하는 사람이 음악은 끝났다, 그림하는 사람이 그림은 끝났다, 춤은 끝났다 라는 말을 하지 않는데, 오직 문학하는 사람만이 문학은 끝났다 라는 말을 한다고 나무랍니다.

다행스럽게도 오 시인은 이런 자멸적 세계관에 빠져 자신감을 잃어버리기엔 지나치게 정상적인 사람인가 봅니다. 도리어 그의 시는 나날이 좋아지고 있습니다. 사람을 이해하는 일에 대해 정신분석에서 도움을 받아온 저로서는, 시인의 언어는 무의식이라는 풍부한 샘에서 발원되어 적절한 자극을 받아 끌어 올

려지는 것이라고 생각합니다. 의식에 충실하고 꿈과 실제 사이에서 균형을 잃지 않으며 꿈의 무게에 압도당하지 않으면서 실생활을 영위하고, 자유로이 종횡으로 한 줄 한 줄 씨와 날을 잡아내 언어로 나타낼 수 있는 오 시인이 그래서 언제나 부럽기만 합니다.

저는 그 시를 맨 처음 읽어보는 행운아입니다.

저는 시인의 아내니까요.

감사합니다.